U0813069

河南博物院镇院之宝

河南博物院 主编

贾湖骨笛

霍锟 李宏 编著

中原出版传媒集团
中原传媒股份公司
大象出版社
·郑州·

图书在版编目（CIP）数据

贾湖骨笛 / 霍锟，李宏编著 . — 郑州：大象出版社，2017.10（2018.3 重印）
（河南博物院镇院之宝）
ISBN 978-7-5347-8901-4

Ⅰ . ①贾…　Ⅱ . ①霍… ②李…　Ⅲ . ①古乐器—介绍—河南　Ⅳ . ① K875.5

中国版本图书馆 CIP 数据核字（2017）第 240881 号

贾湖骨笛
JIAHU GUDI
霍锟 李宏 编著

出 版 人　王刘纯
责任编辑　吴韶明
责任校对　裴红燕
装帧设计　张　帆

出版发行　大象出版社（郑州市开元路 16 号　邮政编码 450044）
发行科　0371-63863551　总编室　0371-63867936
网　　址　www.daxiang.cn
印　　刷　郑州新海岸电脑彩色制印有限公司
经　　销　各地新华书店经销
开　　本　889mm × 1194mm　1/32
印　　张　3.625
版　　次　2017 年 10 月第 1 版　2018 年 3 月第 2 次印刷
定　　价　45.00 元

若发现印、装质量问题，影响阅读，请与承印厂联系调换。
印厂地址　郑州市英才街 6 号
邮政编码　450002　　电话 0371-67358093

编辑委员会

主　任

田　凯

委　员

杜启明　丁福利　张得水　翟红志

刘　康　李　琴　武　玮

主　编

田　凯

副主编

张得水　武　玮

撰　稿

霍　锟　李　宏　张俊儒　李　琴

王龙正　曹汉刚　向　祎　武　玮

田　凯　黄林纳　杜　安　郭灿江

文物摄影

牛爱红

扫二维码，欣赏《贾湖骨笛》视频

总　序

凡博物馆皆有自己引以为豪的藏品中的精华，如罗浮宫之《蒙娜丽莎》、荷兰国家历史博物馆之《夜巡》、中国国家博物馆之司母戊鼎、故宫博物院之《清明上河图》等等，许多博物馆将此类藏品称为“镇馆之宝”，重要的博物馆“镇馆之宝”常常有若干件，当然有些甚至堪为“镇国之宝”。

河南是中华文明的重要发源地，历史悠久，文化积淀厚重，近代以来中国的重要考古发现多在此地，中国考古史便是从这里起步，百年来发现的遗迹遗物极大地丰富了历史文化的研究，填补了历史的空白。河南博物院是中原最大的文物典藏展示机构，河南出土的重要文物理所当然地保存在这里。

2007年12月，时值河南博物院建院80周年，河南博物院镇院之宝甄选活动尘埃落定。众多专家学者经过反复论证，从河南博物院藏品中推选出九件最能代表中原历史文化的典藏品，作为“镇院之宝”。所谓镇院之宝，无疑是收藏中的佼佼者。首先是典型性，能代表文物所处历史阶段的文化科技发展最高水平；其二是重要性，具有重要的历史文化价值，填补历史研究的空白；其三是震撼性，文物具有强烈的时代感，其艺术性让人震撼；其四是唯一性，目前没有相同文物，或该文物是同类中最好的。

在我们遴选的过程中，发现能入此类标准的河南博物院藏品何止九件，最后为了坚持“九为大数不满”的初衷，经过反复讨论甄别，兼顾时代的普遍性，选取了贾湖骨笛、杜岭方鼎、妇好鸮尊、玉柄铁剑、莲鹤方壶、云纹铜禁、四神云气图壁画、武则天金简和汝窑天蓝釉刻花鹅颈瓶为九大镇院之宝。

贾湖骨笛不啻为音乐的奇迹，其重要性还在于促使我们重新评估裴李岗人的思维高度、情感表达的丰富性和表现力。贾湖骨笛在中原出现虽是孤例，但并非偶然。中原由于所处地理位置，进入新石器时代以后，在会通南北、连接东西上占得先机。贾湖遗址以稻作农业为主，是当时产稻的最北区域，但是其文化面貌却是裴李岗文化系统，其遗址中出现了猪与狗的驯养，这一遗址无疑是同时代文化中最为先进的。离贾湖不远的许昌灵井，距今8万年前已经出现了专业的制骨遗存，贾湖出现高质量的骨笛也就不足为奇。

九大镇院之宝中，先秦时期的青铜器占据五件，这与中原在这一中国文化轴心时代中主导作用的建立不无关系。

相传禹铸九鼎，三代奉为传国之征。鼎作为炊煮的食器，演变为王权的象征，体现了华夏文明的民本意识，而中原既是鼎的发源地，更是鼎文化最具代表性的地区。虽然二里头发现了迄今最早的铜鼎，但是其体量和造型还不能与国之重器勾连。郑州商城杜岭街出土的窖藏铜鼎，通高87厘米，饰有饕餮纹和乳钉纹，具有王权的威势，是迄今发现的商代早期较大的铜鼎之一，也是最早的能象征国家的铜鼎。据此证明了郑州商城的王都性质。

商代后期以安阳殷墟为国之核心。这里发现的最重要的墓葬当属妇好墓。出土的468件青铜器中，鸮尊是最具代表性的铜器之一，这是目前中国发现的最早的鸟形铜尊。其鸮形的巧妙构思和周身繁缛的龙、蛇等各种动物纹饰，不仅体现了妇好主持祭祀、带兵征伐的特殊身份，其艺术性也堪称经典。

中国广泛使用铁器要到西汉，然而在此之前有一个从出现到推广的发展过程。三门峡虢国墓地2001号虢季墓中出土的玉柄铁剑，经鉴定剑身为块炼钢锻打而成，这一发现将中国人工冶铁的历史提前到了公元前8世纪。

技术的先进是文明核心地位确立的重要条件，技术的不断发展又为社会的进步提供了前提，莲鹤方壶无疑是先秦社会发展的标志性器物，是技术、艺术与社会变革的集大成者。这件郑国人铸造的器物汇合了南北风韵、新旧特征，是春秋时期郑国特殊的历史文化地位的真实写照，更是百家争鸣、社会变革的艺术表达。

在中国冶铸史上具有划时代意义的器物还有云纹铜禁。这件器物出土于河南淅川下寺春秋楚墓，其墓主为楚国令尹子庚。铜禁通体由多层透空的云纹构成，十二条怪兽攀附四周，其精密的铸造工艺为我们提供了失蜡法铸造的最早标本。

五件先秦时期的青铜器各具代表，各领风骚，构成了中国青铜时代历史文化叙事链条的重要节点。

汉以降，中国历史文化转入了新天地。凝重神秘的青铜时代被人本思想和崇尚现实的享乐主义所代替，狰狞的鬼神世界，代以奇异的神仙来世。崇儒的同时，并行着道教的升仙意识。特别是在汉代的墓葬中充满了对来世享乐的憧憬，对来世仙界的描绘。出土于河南省商丘市永城芒砀山柿园西汉梁王墓的四神云气图壁画，绘有青龙、白虎、朱雀、怪兽等四种神禽异兽和灵芝、花朵、云气纹及穿璧纹等，充满了升仙气息。这件壁画尺寸宏大，为汉代壁画中所罕见，它是我国现存时代最早、规格等级最高、保存最完整的墓室壁画。

儒、佛、道在中国社会并行了一千多年，唐代以后三教逐渐合流。武则天一生充满了智慧，也充满了矛盾。在她的身上包含了多重宗教的信仰，她营造了龙门卢舍那佛窟，在偃师立了“升仙太子碑”。但是由于其墓葬还未发掘，与其有关的可移动遗物一直未能发现。1982年在登封嵩山峻极峰发现的武则天金简成为女皇唯一的直接可持有的宗教用物。这件物品是武则天祭拜嵩山的物证，也是武则天道教思想的体现，更是迄今发现的唯一的皇帝投龙金简，其历史与宗教文化价值无可代替。

历史上各个时代的造物总是恰如其分地附带上当时的文化与习俗烙印，而这种文化烙印尤其强烈的，莫过于宋代的瓷器。宋代对瓷器釉色的追求来源于宋人理学风气的弥漫。“雨过天青云破处”是对汝瓷独特的审美追求。

由于历史的原因，传世的汝官瓷屈指可数，弥足珍贵，20世纪80年代在宝丰清凉寺发现的窑址，被认定为汝官窑遗址，但是遗址内出土皆为瓷片，在其附近窖藏发现的少量汝瓷，成为考古出土的仅见的汝官瓷。其中的天蓝釉刻花鹅颈瓶完整性和工艺造像堪为第一，重要价值不言而喻，更重要的是以汝瓷为代表的瓷器的变革，不仅是技术的变革，还将中国文化与审美带到了更高的境界。

展览是历史文化信息的有机整合与展现，九大镇院之宝由于文物保护原因和其他原因有时不能同时完整陈列于展厅。即便是在展厅陈列，由于陈列本身的局限，也不能将全部或更多的信息在展厅中提供给大家。为了让大家更多地了解九大镇院之宝背后的历史文化信息，我们编写了这套丛书。对每件藏品的解读基于学术界最新研究成果，撰写方面力求科学严谨求真。我们希望通过本套丛书引导公众对藏品有更细致的观察了解，实现藏品信息与公众的分享与对话。但是由于研究阶段性的局限，由于研究深度的局限，由于研究资料的不全面等因素，我们的解读还有许多未尽之处，我们会继续不停地研究下去，将更多的研究成果及时提供给公众。也希望更多的学者加入到对文物、对九大镇院之宝的研究中，不断丰富和深化我们对历史文化的认识。

九大镇院之宝是古人智慧与思想的凝结，是文化制高点的物质的表征，每件文物都有独特的重要价值。这九件文物只是代表，而非全部，如果你来到河南博物院，将会看到更多的典藏瑰宝，比如彩陶双连壶、王孙诰编钟、金缕玉衣、汉代三进陶院落、杨国忠银铤等等，但在甄选镇院之宝时我们不得不割爱。我们希望大家在关注九大镇院之宝的同时，关注九件文物背后连带的关于中华文明、关于中原文化一脉相承延续发展的历史，关注中华文明强大的凝聚力、创造力、生命力，关注九件文物代表的更多的河南博物院的精美典藏，中原大地上的数不尽的丰富遗存。

河南博物院院长

2017年3月

目　录

一、品鉴

这是一支来自远古的笛子，它出土于河南中部淮河上游流域的舞阳贾湖新石器时代遗址中，以鹤类禽鸟中空的尺骨制成，可以演奏出近似七声音阶的乐曲，是迄今为止中国发现的时代最早、保存最为完整的管乐器。它的出土，改写了中国音乐起源的时间和历史，是中国古代音乐文明史的奇迹（**图一**）。

舞阳贾湖遗址位于中国河南省中部，黄淮海大平原的西部边缘。自1983年起，以张居中先生为首的文物考古工作者，三十年间在此遗址进行了八次发掘，共揭露遗址面积3000多平方米，发现新石器时代前期的多座房址、

图一　贾湖骨笛（M282:21）

新石器时代早期（距今 9000—7500 年）

长 23.6 厘米

1987 年河南舞阳贾湖遗址 M282 号墓葬出土

河南博物院藏

3

窖穴、陶窑、墓葬、瓮棺葬、埋狗坑等，出土陶、石、骨等各种质料的文物数千件及大量动植物遗骸。贾湖遗址的文化内涵，再现了淮河上游八九千年前的辉煌，与同时期西亚两河流域的远古文化相映生辉，是东亚史前文化的杰出代表，其大量的遗存为研究当时社会的经济、技术、文化、艺术和社会发展状况提供了宝贵实证[1]。

贾湖遗址M282号墓葬共出土两支骨笛，分别位于墓主人左股骨内外两侧。M282:21号骨笛出土于墓主人左股骨外侧，基本保存完整，通体棕色，把握光滑。两端均有骨关节残存（**图二**），当为照顾制作长度所留。笛身出土时已断为三截，经修复缀合，全长23.6厘米，共有7个音孔，音孔直径0.35厘米。三截的断裂连接处有缀合孔（**图三**），在第二孔断裂处有三组共6个缀合孔，第四孔断裂处有四组共8个缀合孔，缀合孔直径只有0.15厘米。笛身中部有音孔的一段布满织物缠裹的痕迹，应是缀合后为保证吹奏音质而特意加固。可见骨笛的主人相当爱惜这支骨笛，在它受损折断后精心修复，在断裂的骨壁上钻了14个小孔，用细线缀合以继续使用。第六、七音孔间有一刻痕，应为先期设计的留痕。

位于墓主人左股骨内侧的M282:20号骨笛保存完整（**图四**），全长22.7厘米。通体光滑精致，呈浅棕色，两端骨关节稍显，钻孔规范，孔列较直，孔径0.36厘米。在第二、三、七孔旁有试钻未透呈锥形的小圆点，应是先期设计钻孔时留下的痕迹。在第七孔旁有一小孔，孔径0.15厘米。经学者测音得知，应为调整第七孔音高所留。但最近有学者研究，此小孔应是飞禽尺骨固有隙孔，但还是有

图二　M282:21 号骨笛管腔局部

人工钻痕，具体功能还有待进一步研究。

贾湖遗址M282在1987年第六次发掘中出土，其位于贾湖新石器时代遗址中期西区的中心部位，是西区少数几个大型墓之一，为两个男性合葬墓。墓主甲位于墓坑

图三　M282:21 号骨笛断裂处缀合孔局部

图四　1987 年河南舞阳贾湖遗址出土 M282:20 号骨笛

正中，头骨脱离躯体而面向右上侧，两小臂交叉置于骨盆上，下肢骨完整，是35岁左右的男性（**图五**）。而墓主乙是45岁左右的男性，仅存右半边下颌骨置于甲的胸部。该墓随葬的60件物品包括：石斧2件、石凿2件、砺石3件、骨凿4件、角料1件、骨镞8件、骨镖9件、骨针2件、骨锥1件、牙锥3件、骨板4件、骨柄2件、骨刀4件、牙削2件、牙刀1件、牙饰5件、陶侈口罐1件、陶折肩壶1件、残罐形鼎1件及2个龟甲碎片和2支骨笛（**图六、图七**）。龟甲位于其右肩外侧。墓主甲身首异处，墓主乙仅见置于甲胸部的半个下颌骨，不是正常埋葬的墓葬[2]。

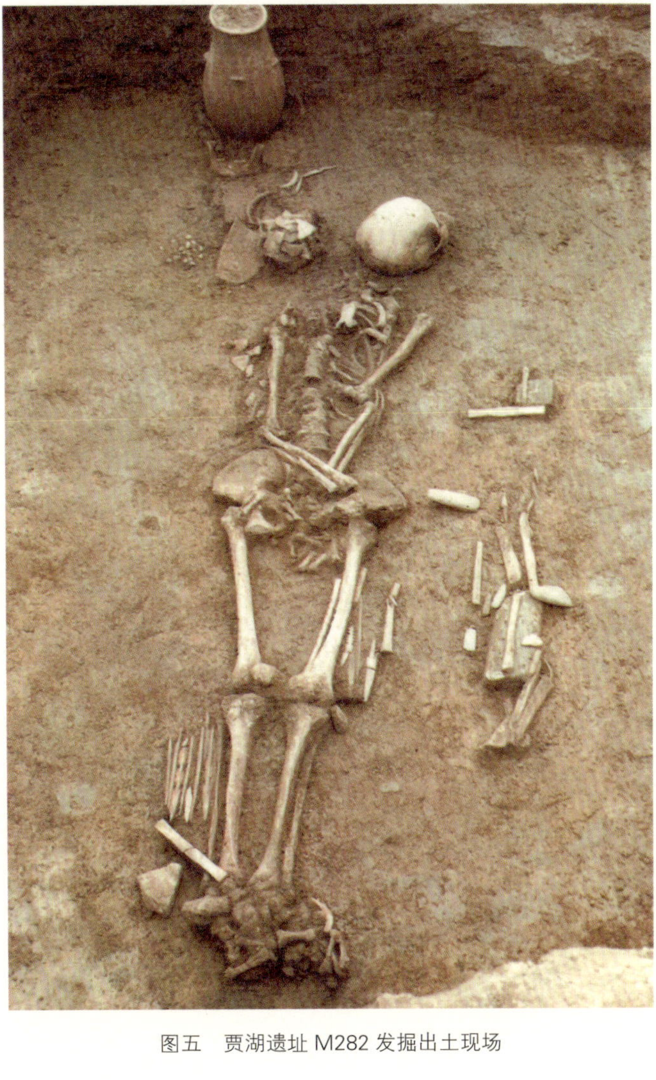

图五　贾湖遗址 M282 发掘出土现场

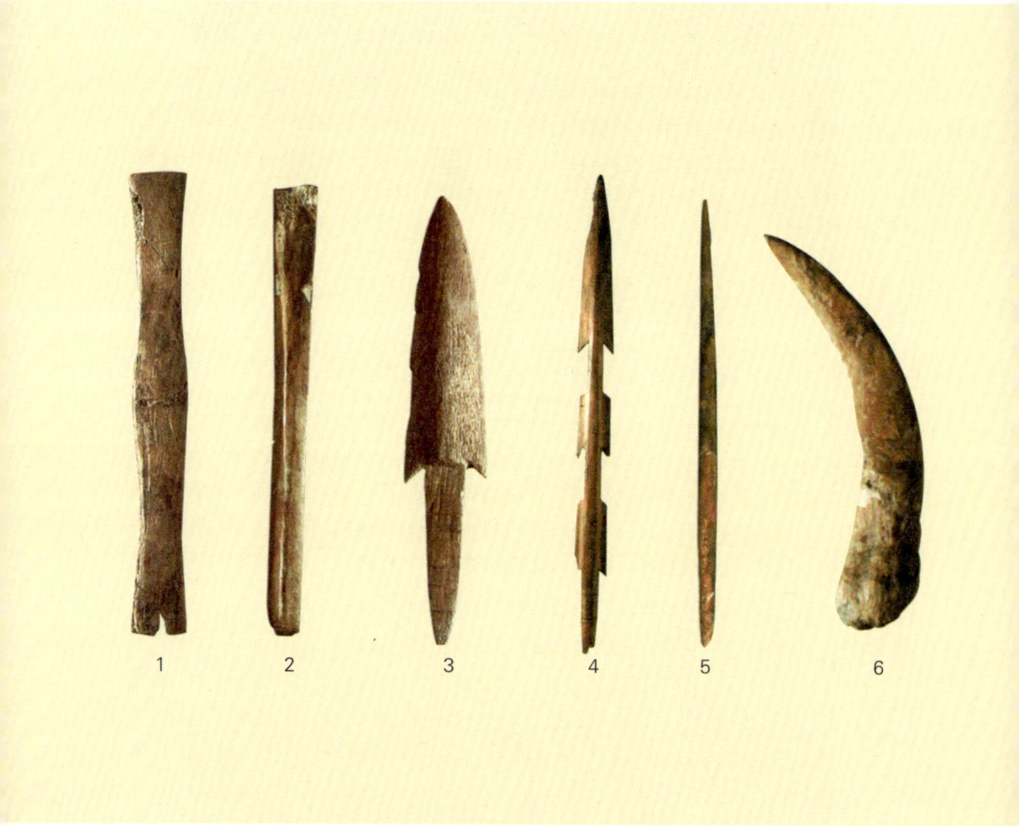

图六　M282 出土骨器、牙器
（1. 骨板；2. 骨凿；3. 骨镞；4、5. 骨镖；6. 牙削）

图七　M282 出土陶折肩壶与侈口罐

二、人禽谐鸣

贾湖遗址自1983年开始，在三十年的时间内进行了八次发掘，目前发掘工作还未完全结束。

从1983年到1987年，六次发掘共出土骨笛25支，其中完整器多达17支，另有残器6件、半成品2件[3]。17支完整器中，五孔、六孔、八孔骨笛各1支，七孔骨笛14支。其中1986年5月，发掘者首先在M78中清理出2支基本完整的骨笛，1986年秋又在M253、M263、M233、M270等多座墓葬中发现多支骨笛。1987年在M282、M344、M411发现多支骨笛，特别是5月14日在M282发现2支骨笛，其中M282:20的测音和试奏确定了骨笛作为乐器有大致音程关系等相关音响数据。这在中国古代音乐史起源上具有重要的意义。

2001年的第七次发掘，共出土了七孔骨笛2支（分别断为两截和三截）、骨笛半成品1件和二孔骨笛1支。二孔骨笛通体棕色、光滑，在器体中部正面与侧面契刻有五组精细的几何图案，装饰刻纹的部分长约18厘米，以排列有序的纵横线形成三角纹，以密集的斜线交叉形成菱形图案[4]。

2013年9月开始的贾湖遗址的第八次发掘，共清理出墓葬97座、房址9座、灰坑25个、兽坑2个，出土陶、石、骨、角、牙等各种质地器物600多件，以及大量陶片和动植物遗存。如陶壶、骨笛、骨镖、骨镞、骨针、叉形器、象牙雕板、石磨盘、石磨棒、龟甲、绿松石饰等。其中M55墓主人是六岁儿童，头枕象牙雕板，这类象牙雕板在该遗址的以往发掘中还未见到，器物用途还未知。其头左侧有一陶壶，身上多处分布绿松石串饰，脚上覆盖4个内有石子的龟甲，旁有獐牙，可见其身份不同寻常。另外属于贾湖一期和二期的多座墓葬如M90、M56、M62、M65、M73、M75、M81等均随葬有数量众多的绿松石串饰。

第八次发掘中，陆续又有骨笛出土。其中一支五孔骨笛保存完好，另一支二孔骨笛断为三截，拼合后全长20多厘米，通体同样刻画着细如发丝的菱形纹饰。还发现了“一墓三笛”等很多新的重要现象，深化了我们对贾湖遗存内涵的认识[5]。

贾湖遗址的墓葬主要是长方形竖穴土坑墓，多单人仰身直肢葬，除此之外，墓葬中有大量的多人二次葬、单人二次葬、多人一次葬与二次葬的合葬等。

（一）骨笛的埋藏情况

贾湖遗址在八次发掘中共出土40多支骨笛，除2支半成品出土于窖穴中，2支残器弃置地层中之外，其余多出土于20多座墓葬中。以骨笛随葬的墓葬仅占贾湖遗址目前发掘的数百座墓葬中的一小部分，这少量墓葬中多有龟甲、叉形器、柄形器等带有巫术性质的器具并存的现象，其时限早晚延续了一千多年，并多葬在同一区域内。骨笛拥有者多数为壮年男性，推测他们不仅生前有着与巫师、祭司、酋长相关的特殊职业和身份，在整个贾湖氏族中也有着特殊地位。

骨笛在墓葬中多置于墓主人股骨内外侧，说明是佩于死者腰间（**图八**）。另外也有在胫骨内外侧、肱骨外侧、臂外侧的，还有的出在二次葬者的骨骼堆中。从前六次发掘的墓葬情况看，一般随葬骨笛的墓葬规模均较大。其中除不完整墓和二次葬墓外，有10座以上的墓随葬器丰富。如M282多达60件，另有6座墓为6—9件，5座墓为10—20件。另外有21件、25件、32件各一墓。随葬器物均有骨器和陶器，大部分有石器，部分共出有成组龟甲、叉形骨器。其中骨笛与龟甲、叉形骨器同出者是3例，分别是M253、M344和M387（墓主均为成年男性），三者的结合应象征着某种特殊权力或者身份地位。

与骨笛同出的器物中，有内装石子的成组龟甲（**图九**）。石子的大小和数量各不相同，多则30枚，少则6枚。这些龟甲多属于黄缘闭壳龟，被放置在死者的腰部和腿部，也有少量在头部、胸部、手臂和脚部。随葬龟甲器的墓主以男性为主。一些背甲或腹甲上有人工加工的痕迹如穿孔、修磨等，或有特定含义的刻画符号。随葬形式多以8龟、6龟、4龟、3龟、2龟为一组，以背甲与腹甲扣合放置[6]。

舞阳贾湖遗址龟甲的出土，为我们认识史前龟灵崇拜的起源和发展提供了新材料。关于龟甲器的用途，学者们见解纷纭，其中，以实用器定性的有甲囊说、护臂说、响器说、巫医行医的工具说、占卜用具说，以非实用器定性的有龟灵说、玄龟说和艺术神器说[7]。

对贾湖出土龟甲用途的研究，需要和骨笛联系起来。陈星灿和李润权借鉴现存的民族学资料，对龟甲的加工、龟内的放置物，以及龟甲的出土位置、共存器物的组合，墓主的身份、年龄和性别、随葬品等方面进行综合分析，认定龟甲器是与宗教音乐有关的响器[8]。考古发掘者根据由来已久的中国龟卜文化的起源发展，分析龟甲内放置物

图八　贾湖遗址 M282 骨笛出土位置

图九　M327 内出土龟甲和石子

和刻画符号，认为贾湖龟甲有作为数卜道具之类的占卜工具的用途。龟甲器作为巫师的特殊器物，很有可能在巫师参与的活动中扮演多种角色，一器多用极有可能。贾湖墓葬出土的龟甲器功能，表现出淮河流域和江淮地区祭祀文化的起源和发展。

与骨笛同出的器物中，还有叉形骨器和柄形骨器。叉形骨器多置于成组龟甲上，也有个别握在墓主手中或置于身旁。从其使用痕迹来看，钩端与刀下角连接处的管筒因常受力而多有破裂后为缀合而钻的圆孔，不排除其作为某种实用工具的可能（图一〇）。M282出土的一对骨柄平面呈梯形，宽端呈圆弧形，靠窄端一半两侧边锯有对称缺口四对，两件部位对应，显然两个骨柄是摞在一起契刻而成的，接近宽端上部的缺口可完全吻合。有学者认为其是史前人类的某种信物（**图一一**）。

从贾湖墓葬中的骨笛与龟甲、叉形骨器及制作精美的柄形骨器同出的不同组合和共存关系可以看出，作为宗教仪式中使用的道具，其功能有相当大的趋同性。显然骨笛作为早期管乐器，它与原始宗教仪式中的音乐有密不可分的关系。

与骨笛同出的典型器物组合，还见于M344（**图一二**）。这是一座成年男性单人墓，随葬品共30多件。墓主无头骨，而在头骨的部位放置一组8个龟甲，龟甲堆上还放有叉形骨器1件和砺石1件，右肩上方放陶壶2件，左肩外侧放七孔骨笛2支和骨饰1件，小腿和脚部放置骨镖6件、骨镞6件、牙削2件和牙饰4件。其中一个龟甲上还刻了一个目形符号（**图一三**）。该墓属于缺头葬，专家根据考

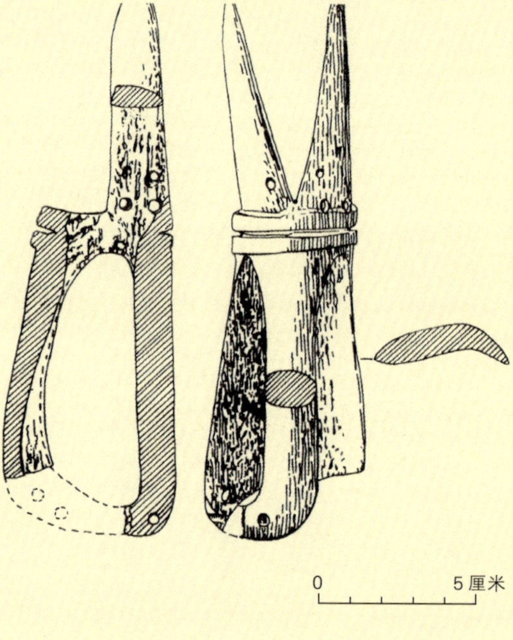

图一〇　M395 出土叉形骨器

图一一　M282 出土骨柄

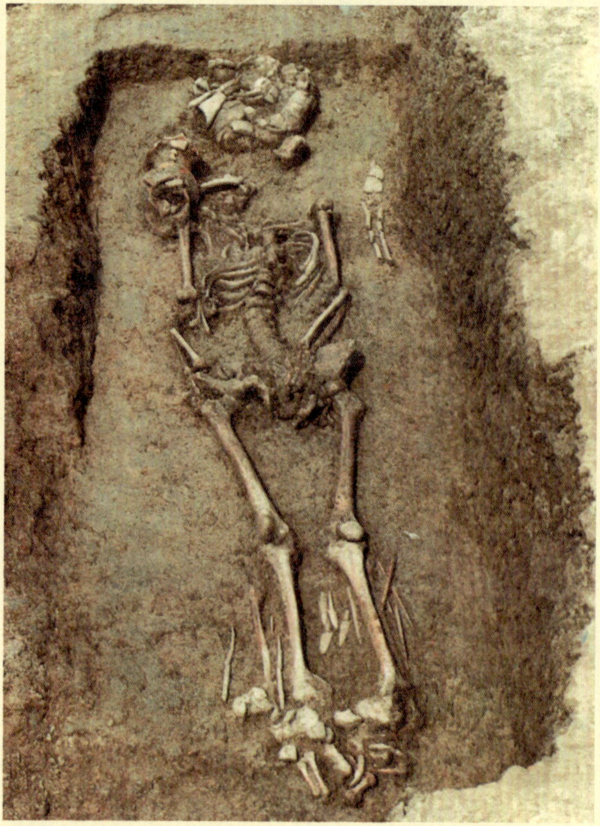

图一二　贾湖遗址 M344 出土现场

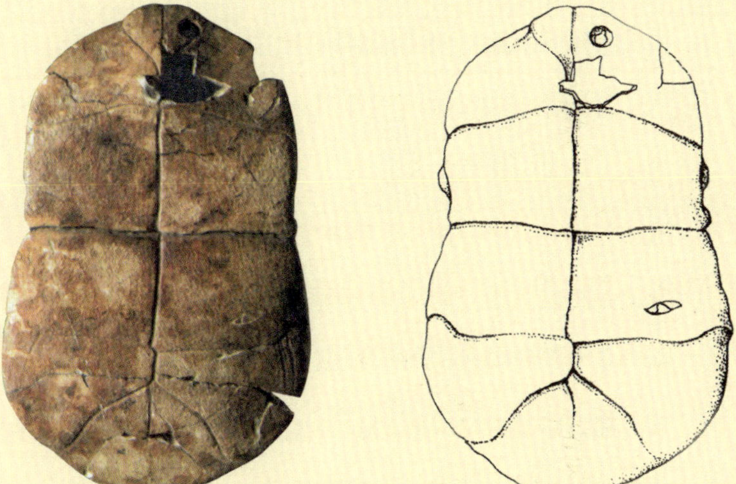

图一三　M344 随葬龟甲上的刻画符号及示意图

古现状分析，墓主可能是献身殉社的巫师或氏族首领[9]。

从贾湖骨笛的出土位置和保存使用情况，我们可以看出，骨笛应是墓主人最为珍视的器物。如果这些拥有大量随葬品的墓主在整个聚落中身份特殊，那么骨笛本身不会是单纯的乐器，更不是召唤异类和狩猎的响器，它必定用自身发出的乐音来沟通神人，述说整个氏族的心声和祈求。在贾湖遗址M344墓葬中，除墓主左臂外侧伴随的两支骨笛外，另一值得关注的现象是，8个内装石子的龟甲代替头颅葬入墓中。古老的龟灵崇拜与无首的持笛巫者，其中又是什么奇异的关系呢？《吕氏春秋·顺民》中提到商汤的传说时说：汤代桀以后，大旱五年，汤以身为牺牲，祷于桑林，天乃大雨。当氏族遇到重大变故时，被作为牺牲和自为牺牲都成为可能，其中骨笛所代表的音乐又起着什么作用？大量的史料表明，音乐在原始社会中同与宗教、祭祀相关的娱神娱人活动紧密相关。音乐的音阶、音调进化源于远古人类对未知自然认知的深入、情感的多重表达及与万物神灵的交流方式。

（二）骨笛的分期与断代

贾湖骨笛的年代，是用遗址中同时出土的含碳物质标本，在专门的实验室中进行测定后确认的。贾湖遗址的墓葬中出土的40多支骨笛，形制从简到繁，一脉相承，与其遗址遗存分期和发展序列相一致，也分为三期[10]：

1.早期：公元前7000年—公元前6500年（距今9000—8500年），骨笛为五孔或六孔，可吹奏四声和完整的五声音阶，如早期墓葬M341出土的两支骨笛（**图一四、图**

图一四　早期墓葬 M341 出土骨笛（M341:1、M341:2）

一五）。

这两支早期骨笛出土于同一墓葬，但开孔数目、形制和奏出的音阶大有不同。M341:1开五孔，经测定其主音为“D”，发出“G5、#A5、C6、#D6、G6、C7”六个音，可构成“ 3–5–6–1̇–3̇–6̇”的音序，呈四声音阶。而M341:2则开六孔，其主音为“A”，发出“#A5、C6、D6、F6、G6、#A6、D7”七个音，可构成“1–2–3–5–6–1̇–3̇”的音序，呈完整的五声音阶加一个大三度音程。通

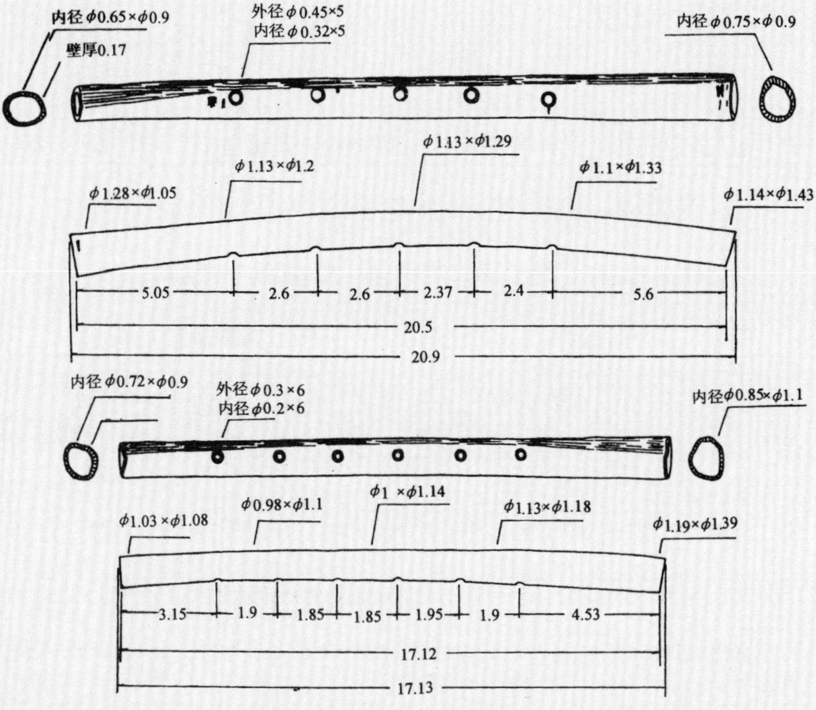

图一五　M341:1、M341:2 号骨笛内径与音孔尺寸图（单位：厘米）

过比较可知，五孔骨笛M341:1的制作年代在前，可能早于公元前7000年前，当时的音阶当以“1、3、5、6”四个音为主。而出于同一墓葬的M341:2，制作年代可能晚于前者，而比前者多了一个按孔和一个音，其筒音和主音的位置发生了根本性的变化，导致其吹奏的音乐由原来的四声音阶发展到了完整的五声音阶，在继承前者音阶功能的基础上，音乐调式有了相当大的发展。专家的推论是：公元前7000年前以“6–1–3–$\dot{6}$”构成音乐的主调，在经过了近四百年的时间后，发展到了以“1–3–5–$\dot{1}$”和“ 5–6–$\dot{1}$–$\dot{3}$”构成音乐的主调，六孔骨笛M341:2已经不仅可以吹奏自然小调的音乐，而且可以演奏自然大调的乐曲，这说明了贾湖先民对骨笛音乐自身不间断的探索。尽管如此，M341的两支骨笛仍处于遗址中骨笛的初期形态。

2.中期：公元前6500年—公元前6000年（距今8500—8000年），骨笛为七孔，可吹奏六声和七声音阶，如中期墓葬M282、M78、M233、M411出土骨笛（**图一六、图一七**）。

贾湖遗址中期所出土的骨笛，均是管开七孔。这个阶段是骨笛制作的精品时代，与早期相比，骨笛已经进入成熟阶段，不仅可以吹奏出完备的五声音阶，而且可以吹奏六声和七声音阶。当然，由于鹤类尺骨的个体差异和制作者的水平不一，并不是每支骨笛都是质地和制作俱佳的作品。但其中代表贾湖遗址最高水平的，即是M282出土的20号和21号两支骨笛。相比之下，21号骨笛制作时间在前，出土时虽断为三截，但断而不弃，被其主人利用高超的钻孔缀合手法修复，想必是墓主生前心爱之物。20号骨

图一六　中期墓葬 M78 、M233、M411 出土骨笛

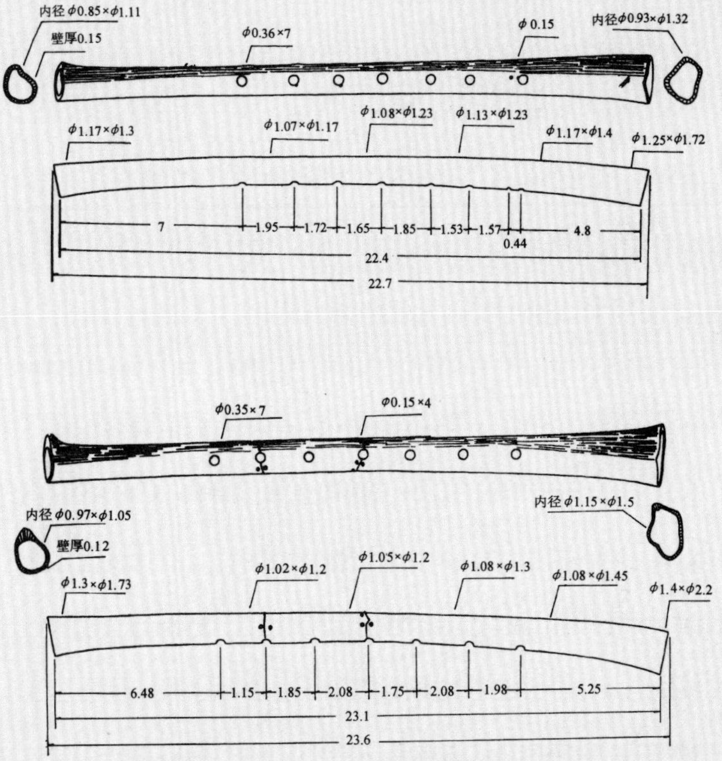

图一七　M282:20、M282:21 号骨笛内径与音孔尺寸图（单位：厘米）

笛可能稍晚于前者，其保存完好无损，在制作时尽可能地与21号骨笛在音高上保持一致。在21号笛管上未见到开孔的计算痕迹，而在其后的20号笛身上不仅有精心计算的刻痕，而且还有若干个试钻的点痕。经测试，在二者主音均为“D6”的情况下，21号骨笛发音为“#F5、A5、#A5、C6、D6、E6、#F6、A6”，构成的自然音序为“3–5–6–7–$\dot{1}$–$\dot{2}$–$\dot{3}$–$\dot{6}$”；而20号骨笛发音为“#F5、A5、B5、C6、D6、E6、#F6、A6”，构成的自然音序为“3–5–6–7–$\dot{1}$–$\dot{2}$–$\dot{3}$–$\dot{5}$”。二者主音音高基本相同，21号骨笛第四孔的主音音高为“D6–32”，20号骨笛第四孔的主音音高为“D6–30”，二者绝对音高只差两个音分。这在现在专业水平乐手的听觉中都难以区分，可见20号骨笛是同墓出土的21号骨笛的延续和发展。在当时没有精密仪器测量的情况下，二者能保持基本相同的音阶结构，说明贾湖先民对自然音的敏感度和对乐音的感受水平之高。

3.晚期：公元前6000年—公元前5500年（距今8000—7500年），骨笛为七孔或八孔，可吹奏七声音阶和变化音，如晚期墓葬M253出土骨笛（**图一八、图一九**）。

贾湖晚期墓葬出土的骨笛，一部分保持了中期的七孔形制，M253:4骨笛则开八孔，比中期如M282的七孔骨笛增加了一个孔。在音律上也产生了不小的变化。据测，若以“#D6”为主音，可排列出这样的七声音阶：“#F5、A5、#A5、C6、#C6、D6、#D6、F6、G6”，即“#2–#4–5–6–7–$\dot{1}$–$\dot{2}$–$\dot{3}$”，也就是“1–2–3–#4–5–6–7–$\dot{1}$”。用不同的音作主音，调整它的八度关系，可得出三种完整的七声音阶，另外，还可以排列出多种不同调高的六声音阶和

图一八　晚期墓葬 M253 出土骨笛

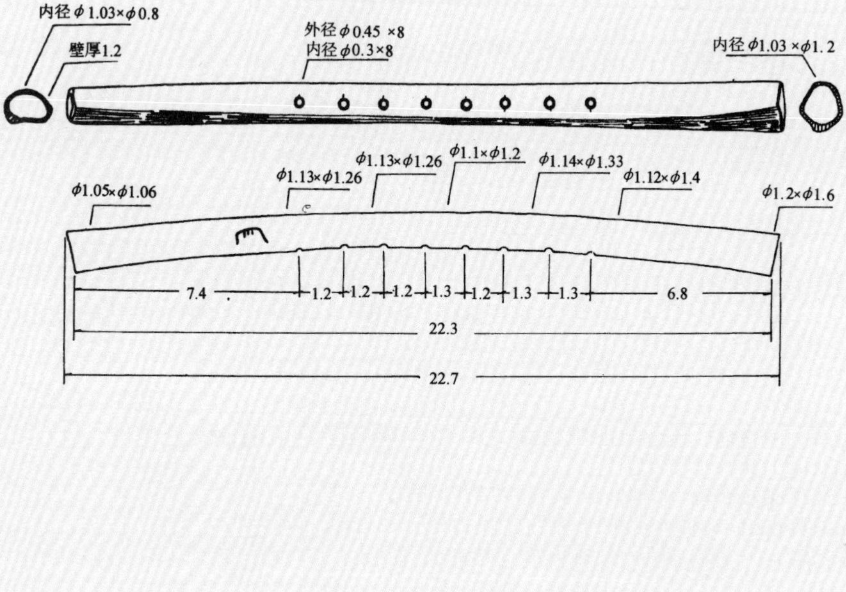

图一九　M253:4 号骨笛内径与音孔尺寸图（单位：厘米）

五声音阶。这表明八孔骨笛已经具备转调条件，可以使乐者根据乐音所需进行不同调高旋律的演奏。

从对上述不同时代的骨笛分析中，我们可以看到，贾湖骨笛的制作在距今9000年前就已经开始，其间经过1000多年的延续发展，其音阶发展从四声到五声、六声、七声达多种类型，由简入繁，显示出中国古代音乐文化起源阶段的渐进性。而作为最初的管乐器，贾湖骨笛的音准程度令人折服，表现出贾湖人在当时新石器时代前期文化中的超前性。

（三）骨笛的材料与制作工艺

贾湖骨笛在材料选择、制作工艺上与当时的审美水平、制作条件分不开。贾湖骨笛存在的年代前后延续了一千多年，制作者经过了长期的探索、计算、规律把握和经验积累过程。

首先是材料的选定。贾湖遗址有着丰富的动物资源，在其动物群落中，发现了天鹅、环颈雉、丹顶鹤三种飞禽，而出土的大多数骨笛是用丹顶鹤的尺骨制作而成的。为何贾湖先民们如此偏爱丹顶鹤?

鹤属于大型涉禽，常栖息于湿地之中，鹤类的大量出现验证了当时贾湖区域具有十分舒适的地理环境。世界上目前现存15种鹤类，我国就有9种，其中丹顶鹤是我国最著名的鹤类，历史上曾广泛分布于我国的中东部，而迄今多见于亚洲东北部。鹤鸟瑞羽奇姿，体态优雅，步履轻捷，气质淡逸，作为祥瑞之鸟，自古备受人们推崇和喜爱。在《诗经·小雅·鹤鸣》中有对鹤赞誉的千古名句："鹤鸣于九皋，声闻于野"，"鹤鸣于九皋，声闻于天"。鹤鸟气管长度可达1米以上，其末端成环状盘曲于胸骨之间，引颈而歌，可引起强烈共鸣，声音可传到数千米以外。因此，古人很早就有了"鹤骨为笛，其声清越"的认识。

丹顶鹤的骨骼外坚内空，强度是人类骨骼的7倍，骨笛的管身就来自丹顶鹤翅膀部位的尺骨。但骨管的长短、粗细、厚薄与内腔形状会因鸟类个体的差异而不同，贾湖先民又是如何将这种不同形态的骨管制作成音阶分明的乐器的？

骨笛制作工艺经历了截去骨关节、设计孔位、钻音孔、调音成器的程序。在制作时，首先锯去两端骨节，从平整的切面可见切割工具硬度高而使用便利，且技术成熟。然后清理骨腔内的残存物与骨管两端处的纵脊和骨刺。在修整好的中空骨管上刻出大致的等分标记，然后再钻孔，因此在保存完整的骨笛上，可见制作时计算孔距而留下的刻度。音孔呈一直线排列，音孔很圆，孔壁稍呈上大下小的倾斜。有的骨笛具轻度的石化迹象，说明骨笛年代有近万年的久远历史。

在钻孔前所做的计算，应是经历长期的探索和规律总结的。经过观察，早期的五孔、六孔骨笛，如M341出土的两支，笛管上无明显制作计算的痕迹。而中晚期的骨笛管身上大多有计算刻孔的痕迹。刻痕有长道和圆点两种，其功能是一致的。因为音孔的位置、距离直接关系到音准和音阶形态，只有经过周密计算，利用数学方法设计各音孔之间的距离，在预备钻孔的位置刻好等分标记，然后再钻孔，才能获得其心目中的音律。这种音律事实上甚至与后世通过复杂计算得出的结果相吻合。

以编号为M78:1的骨笛为例，在每个音孔旁均有设计时留下的刻痕。从这些深浅不同的刻痕可知，它的设计和制作过程经历了多次修正。第七孔是一次定位最先钻成，第六、五、四孔位置均有二次刻记，说明有对应的距离修改。而第三、二、一孔的位置均有三次刻记及两个未钻孔位，表明这三孔的位置曾经过两次修改。骨笛的开孔因骨管而异，而骨管又因鸟类个体的差异而各不相同，这就增加了制笛调音的难度。

骨笛的钻孔是一项持久而艰辛的劳作。鹤骨骨质坚硬且脆，无论是钻孔或是磨锉均十分不易。从M282骨笛看，其钻孔规整，孔径高度一致，通过仪器对音孔处细部纹理的研究发现，骨笛音孔有钻头往复转动的螺旋纹痕（**图二〇**）。在遗址中还发现了一些用水晶、燧石类较坚硬的材料制成的手钻与锥钻（**图二一**），这些钻头尖锐而锋利。而学者在对贾湖骨笛进行仿制复原研究时，采用类似钻头在鹤骨管壁手工试验钻孔，结果发现难度很大。另外，有学者比照早期玉石器钻孔加工技术，通过研究提出贾湖人是用管钻类工具进行钻孔。无论是采用哪一种钻孔方法，都可见制作骨笛并非轻而易举之事，也反映出古代先民手工技艺之精湛。

因此，贾湖骨笛中的精品其时代之早、性能之高、制作之精，都表明了贾湖人在区域和氏族群中，其音乐文化发展的超前性。

骨笛制作如此复杂，贾湖人是否用过其他材料来制作

图二〇　骨笛音孔的放大图像

图二一　贾湖遗址出土石钻头

笛子？《礼记·明堂位》载："土鼓、蕢桴、苇籥，伊耆氏之乐也。"其中"苇籥"指用芦苇做成的笛属乐器。有学者提出：文献的记载是否还未得到实物的印证？对于竹质笛子音响性能更为优越这个特征，贾湖人有无认识？贾湖人是否在使用骨笛的同时，也使用和认识了竹笛？这需要我们更深入理解，八千多年前先民们是怎么通过长期实践来归纳和确定这种特殊音响序列的漫长过程[11]。

最近，学者通过现代科技手段如CT断层扫描、数据处理、三维重建及3D打印，做到了与原贾湖骨笛物理尺寸几乎没有误差的精确复原。这对骨笛的测音、吹奏、音律学方面的深入研究，提供了可贵的辅助手段[12]。

近年来，在国外也不断涌现出有关骨哨、骨笛出土的报道。如年代最早的，是在德国南部的布劳堡峪勒东南环城山岳一个洞穴中发现的用天鹅腿骨制成的三孔骨笛，距今约3.5万年。考古学家还在德国发现了距今约3万年的用猛犸象象牙制作的三孔笛，在法国发现了距今约3万年的鹿骨笛[13]。但这些骨笛多数制作不规范，严重残缺，且均为偶然性极大的孤例。

近些年来，在中国新石器时代考古中，一些遗址中也发现了类似的骨笛。内蒙古敖汉旗兴隆洼文化遗址，发现一支8000年前用猫头鹰的翅骨做成的骨笛，开五孔，可奏出一个八度音域内的七个基本音阶[14]。1973年和1977年，在浙江省余姚市的河姆渡遗址（距今约7000年）出土了百余件用禽类肢骨加工的两孔骨管，音乐考古学者称之为骨哨。骨管的材质取自鹈鹕、雁、鹤等大型禽类的上腕骨、尺骨、桡骨等上肢骨的关节中段，在外弧侧部位加工圆孔。但最近也有专家就骨管上使用痕迹的信息认为，其很可能是编织用的工具[15]。

河南汝州市中山寨出土的十孔骨笛（**图二二**），被认定为7000年前的骨管定音器。这支十孔骨笛1982年出土于河南汝州市中山寨新石器时代遗址，为裴李岗文化时期遗物。骨笛也是用鹤的尺骨制成，两端均已残破，但上端还保留有一定原始长度的痕迹，现残长15.5厘米。骨管上开有两竖排相互交错的十个按音孔（第十孔下半残缺），从乐器演奏角度看，由于音孔排列过密，两手手指无法将十个音孔全部按住，因此关于十孔骨笛的用途专家还有争议。萧兴华、张居中、王昌燧对其进行测音后认为，这应是7000年前的骨管定音器[16]。属于裴李岗文化时期的长葛石固遗址，距今约7000年，在M54墓主左膝外侧出土的两件管形骨器（**图二三**），实际上是当时的骨哨[17]。

而以上这些发现与贾湖骨笛的不同之处在于：贾湖骨笛有着完整的群体和发展序列、丰富的共存遗物、规范的制作方式、长期的使用与保护痕迹。更重要的是，作为时代最早、保存最完整的管乐器，有着较为丰富的音高音色和音阶调式的变化。贾湖先民在万物生灵中选择了丹顶鹤，为穿越八千年的乐音找到了生命的载体。

图二二　汝州市中山寨新石器时代裴李岗文化遗址出土十孔骨笛

图二三　长葛石固遗址出土骨哨

三、乐音初义

中国音乐有着悠久的历史，其发端与原始人类的生产劳动有密切关系。关于中国音乐的起源，《吕氏春秋·古乐篇》曾有论述："昔黄帝令伶伦作为律。伶伦自大夏之西，乃之阮隃之阴，取竹于嶰谿之谷，以生空窍厚钧者，断两节间，其长三寸九分，而吹之以为黄钟之宫，吹曰舍少。次制十二筒，以之阮隃之下，听凤皇之鸣，以别十二律。其雄鸣为六，雌鸣亦六，以比黄钟之宫适合。……帝喾命咸黑作为声，歌九招、六列、六英；有倕作为鼙鼓钟磬吹苓管埙篪鼗椎钟……帝尧立，乃命质为乐。质乃效山林谿谷之音以歌……"之后，人们总是将中国音乐起源历史与三皇五帝的创造活动相联系。

近代音乐史学家曾为中国的七声音阶最早出现的时间而争论不休，甚至认为战国末年荆轲刺秦王前，在易水别离时所唱“风萧萧兮易水寒”用的“变徵”之音很可能来自西方异域。但近年来络绎不绝的音乐考古发现，完全推翻了这类观点。距今八九千年前，我们的祖先已经用骨笛吹出了近七声的下徵调乐音。六千年一瞬间，而曾侯乙编钟又以其五个八度音域，完整的七声与十二律、十二个半音系统，和声与各种音程概念、八度音组概念等应有尽有的集大成的乐律学说，成为我们今天宝贵的文化遗产。同样，贾湖骨笛以考古学实证的方法，科学地诠释了中国远古时期音乐之初始的活态面貌。

舞阳贾湖骨笛的出土，为我们认识和研究中国音乐的起源及早期面貌提供了重要的实物资料，彻底改变了中国音乐历史起源的文献和早期研究的观点，将中国音乐文明起源的时间从传说中公元前3000年的黄帝时期，提前到了公元前7000年的新石器时代。距今八千多年的贾湖骨笛，将中国音乐历史的源头，一下推前了数千年。贾湖骨笛所展现出来的考古学价值、音乐学价值，成为众多专家学者研究和关注的热点，而对骨笛的调式、律制、吹奏方式等方面的研究，更是音乐学界众多专家孜孜以求的关注热点。

（一）贾湖骨笛音阶综议

自1983年始发掘出土的40多支骨笛中，近三分之一为较完整的器物，而通过测音的有7支。此后的十余年中，黄翔鹏、吴钊、童忠良、萧兴华等音乐学专家都曾对贾湖骨笛做了测音研究，初步揭示了贾湖骨笛的原始音乐性能；郑祖襄、陈其射、项阳、陈其翔、荣政等学者对测音数据、音阶音程和调高等相关问题做了论证分析；徐飞、夏季、王昌燧等人，对新出土骨笛的音乐声学特性进行了新探索等。近来已经有学者开始致力于用科学技术手段逼真复原骨笛，以获得更多的骨笛音响信息。

贾湖骨笛发掘之后，黄翔鹏先生对M282:20号骨笛做了测音，发表了《舞阳贾湖骨笛的测音研究》一文，将他和多位专家测音及研究的成果公布于众，这是关于贾湖骨笛音乐研究的最早且最重要的研究论文之一。黄翔鹏先生提出的结论是测音骨笛的音阶结构至少是六声音阶，也有可能是七声齐备的、古老的下徵调音阶。下页表是黄翔鹏先生根据对M282:20号骨笛的测音所排出的两种音阶：

筒音		7 孔	6 孔	5 孔	4 孔	3 孔	2 孔	1 孔	结论
#F5 或 G		A5	B5	C6	D6	E6	#F6	A6	
工角	/	六徵	五羽	下乙闰	上宫	尺商	工角	六徵	清商音阶六声
	合宫	四商	乙角	上和	尺徵	工羽	凡变宫	五商	下徵音阶七声

黄先生文中说："以上两种可能性的判断，必居其一。因此，我们的最后结论认为，这支骨笛的音阶至少是六声音阶，也有可能是七声齐备的、古老的下徵调音阶。"[18]

之后，吴钊先生认为："此笛的音阶结构当是以C为宫，带有'二变'——变徵、变宫，并以五声音阶的羽、宫、商、角四正声为核心的传统六声古音阶。"[19]

筒音	7 孔	6 孔	5 孔	4 孔	3 孔	2 孔	1 孔
#F	A5	B5	C6	D6	E6	#F6	A6
变徵	下羽	变宫	宫	商	角	变徵	羽

童忠良先生结合另外两支骨笛（M282:21、M78:1）的音孔设计特点，认为M282:20构成以4孔（D）为宫的六声清商音阶或七声清商音阶可能性最大。“此笛多宫演奏的可能性是存在的，即六声清商音阶的可能性可以首先肯定；七声清商音阶的可能性也相当大；六声新音阶的可能性亦有之；此外，也不能完全排除六声或七声古音阶的可能性。”[20]

影响骨笛乐音的音高调式会有很多因素，我们从河南省文物考古研究所在《舞阳贾湖》考古报告中所公布的数据中可以看出，人们对乐音和音阶的感知，经历了由少到多、循序渐进的过程：

早期：M341:1（五孔）——$^{\#}$D：$\underset{\cdot}{3}\underset{\cdot}{5}\underset{\cdot}{6}136$

M341:2（六孔）——$^{\#}$A：$\underset{\cdot}{1}\underset{\cdot}{2}\underset{\cdot}{3}\underset{\cdot}{5}\underset{\cdot}{6}13$

中期：M282:20（七孔）——D：$\underset{\cdot}{3}\,\underset{\cdot}{5}\,\underset{\cdot}{6}\,{}^{\flat}7\,1\,2\,3\,5$

M282:21（七孔）——D：$\underset{\cdot}{3}\,\underset{\cdot}{5}\,{}^{\flat}\underset{\cdot}{6}\,{}^{\flat}\underset{\cdot}{7}\,1\,2\,3\,{}^{\flat}6$

M78:1（七孔）——$^{\#}$D：$\underset{\cdot}{4}\,{}^{\flat}\underset{\cdot}{6}\,{}^{\flat}\underset{\cdot}{7}\,1\,2\,3\,5\,6$

M511:4（七孔）——C：$\underset{\cdot}{3}\,\underset{\cdot}{5}\,\underset{\cdot}{6}\,\underset{\cdot}{7}\,1\,2\,3\,{}^{\#}4$

晚期：M253:4（八孔）——$^{\#}$D：${}^{\#}\underset{\cdot}{2}\,{}^{\#}\underset{\cdot}{4}\,\underset{\cdot}{5}\,\underset{\cdot}{6}\,{}^{\#}\underset{\cdot}{6}\,\underset{\cdot}{7}\,1\,2\,3$

徐飞、夏季、王昌燧《贾湖骨笛音乐声学特性的新探索——最新出土的贾湖骨笛测音研究》一文，介绍了贾湖遗址第七次考古发掘中出土的骨笛标本M511:4的尺寸、测音数据和演奏方法等研究成果，其中还包括测音环境和骨笛修补的情况。作者认为骨笛是可以演奏两个八度的实用乐器，其中高八度是通过演奏者的控制激发谐音列中的二次谐音；大多数骨笛可以演奏七声音阶且音准较好；骨笛的吹奏方法应为斜吹，这样可以产生音量更大、音色更好、易于演奏的笛声，且可以吹奏高八度音。从M511:4的测音数据可见，它可以完整演奏两组八度的音列，和今日十二平均律相比，各音孔最大音差也仅在25音分左右。音乐学学者通过对7支骨笛测音数据的分析研究，认为它们存在三种调高和四种音阶。三种调高是C、D（或#D）和A（或#A），四种音阶是四声音阶、五声音阶、燕乐六声音阶和清乐六声音阶[21]。

张居中和萧兴华在《中国音乐文明的肇始：贾湖骨笛》一文中，为我们展现了骨笛音阶发展的过程："……我们分析了贾湖一、二、三期具有代表性的五支骨笛的测音数据，研究结果表明，在贾湖文化1200多年的发展历程中，音乐素材和艺术思维的发展同聚落形态和稻作农业的发展一样，同样经历了一个由简到繁的过程。如若把三个

时期骨笛所构成的音阶排列起来看，这个现象便一目了然。” [22]

贾湖骨笛各期音阶对照表

分期	编号	音阶							
一期	M341:1	1		3		5	6		$\dot{1}$
	M341:2	1	2	3		5	6		$\dot{1}$
二期	M282:21	1	2	3		5	$^{b}6$	$^{b}7$	$\dot{1}$
	M282:20	1	2	3		5	6	$^{b}7$	$\dot{1}$
三期	M253:4	1	2	3	$^{\#}4$	5	6	7	$\dot{1}$
		1	2	3	4	5	6	7	$\dot{1}$
		1	2	3	4	5	6	$^{b}7$	$\dot{1}$

在音乐起源的初始阶段，人们对音阶和调高的认识是有限的，但我们不能低估史前先民对乐音的感知水平和创造能力，他们所处的自然环境有更多和谐的天籁之声。八九千年前的骨笛，究竟是什么音阶？什么调高？什么律

制？留给我们的是一个个大大的问号。我们期待随着考古发掘的不断进行及新发现的不断涌现，能给我们提供更多的实物资料来进行研究，展现出贾湖骨笛及中国早期乐器的音阶面貌。

（二）贾湖骨笛音律初议

在骨笛音律方面的探讨中，萧兴华率先在《中国音乐文化文明九千年——试论河南舞阳贾湖骨笛的发掘及其意义》一文中对骨笛音律问题提出了看法，认为从骨笛测音来看，骨笛所表现出来的律制情况接近十二平均律。不仅如此，萧兴华还通过对河南省汝州市中山寨十孔骨笛的测音，认为十孔骨笛应该是骨笛的正律器，这从侧面支持了骨笛律制为十二平均律的论断[23]。

而郑祖襄《关于贾湖骨笛测音数据及相关论证问题的讨论》一文对萧兴华的说法持否定的态度。郑祖襄认为：骨笛的开孔和测音准确性不可能达到分析律制的要求，而且人们对律的认识来源于对音乐规律的认识，必然要从简单到复杂，先民无法认识十二平均律这样一个计算律。萧兴华的论断不符合人类认识音乐和律学的规律[24]。笔者倾向于郑祖襄的意见。需要补充的是，律制的准确性和变通性之间存在辩证统一关系，用个别测音数据加以确定，值得商榷。

此后陈其射在《河南舞阳贾湖骨笛音律分析》一文中也指出，骨笛作为尚处于蒙昧状态的舞阳人制作出来的乐器，不可能依据明确的乐律思维，而只能出于朴素的听觉自觉。陈其射认为，古人制作骨笛应该采用“比物刻痕”

方式，而制作尺寸比例的选择则应该是孔距成等差数列的匀孔笛。这一制作原则所产生的音响结果就是符合自然泛音原则的自然律制[25]。笔者非常同意陈其射关于古代先民制作骨笛乐律思维方面的意见，但他在骨笛制作尺寸方面的观点，由于没有足够的骨笛测量数据加以支持，仅为大胆的假设。

（三）骨笛的演奏方式

作为一种最早的完整的管乐器，我们最先要知道的是骨笛如何奏出乐音。1989年，黄翔鹏先生提出斜吹法发声。刘正国先生对贾湖骨笛进行了测音吹奏和实际演奏，并对竖吹法和斜吹法做了对比实验和进一步的研究，提出贾湖骨笛“其吹法既不同于横吹之笛，也有别于竖吹之箫，它是以骨管的一端作吹口，管身斜持，管口与吹奏者的嘴唇成45° 左右的斜角，演奏时两唇噘起，如吹口哨般地形成一个小圆孔，贴着管端（细则半含管端）缓缓吐气，气入管端内壁摩擦震荡发音，此即所谓斜吹。这种独特吹法具有厚重的原始感”[26]。刘正国先生在演奏测试中证实，斜吹法可使气流更好地摩擦震荡管壁发音，以发出非常清晰悦耳的乐音，并可轻松演奏出两个八度，这是竖吹法难以实现的。在斜吹和竖吹的对比测音中，从其声强的曲线对比可以清楚看到，斜吹法声强明显大于竖吹法。而在进一步的声谱图比较中也可看到，斜吹法吹出的倍音更清晰，数量也更多。这说明斜吹法不仅发出的音量大，而且音色也更加圆润、饱满，不同于竖吹时的那种尖细、刺耳或微弱的声音，这也和我们的实际听觉感受是一致的。虽然在实际测音方式中，特别是《舞阳贾湖》考古报告中的测音结果，似多以直观的竖吹法获得；发布在英国《自然》杂志网站上的骨笛音乐也是竖吹法的演奏录音，但在演奏实践中，斜吹无疑是最佳的原始发声方法，也应当是骨笛常用的演奏发声方法[27]。

悠远古朴的骨笛乐音，对后世骨笛的演奏应有所影响。从古代中国直到今天的哈萨克斯坦及中国新疆等地，一直不乏采用斜吹法的原始形态乐器，如藏族、塔吉克族的鹰骨笛，哈萨克族的“斯布斯额”等，特别是至今还流传于中原的道教音乐中的乐器“筹”，乐器的形制、发音和吹奏方法应与骨笛一脉相承。这种古老的斜吹演奏方式，可使两端开口的笛管发出坚实悦耳的乐声。

河南博物院华夏古乐团是专门从事音乐文物研究、复原传承展演的专业乐团，贾湖骨笛一直是华夏古乐团的一项重要研究、展演项目。关于骨笛的演奏方式，乐团进行了系统的比对研究及实践工作。通过一系列实践及长时间的展演可知，斜吹演奏方式所得到的音响效果更为丰满、圆润，且更容易控制。斜吹演奏方式也得到了华夏古乐团演奏员及香港中乐团和多位业内人士的认可（**图二四**）。

八九千年前生活在中原地区淮河流域的远古先民，制作了成批的骨笛，这是贾湖人留给我们的珍贵的音乐文化遗产，而音乐是一种“时间艺术”，我们无法听到原始社会神话传说时期的音乐和任何声响。跟随先民们遗留的音乐文物，并以此去研究、揭示传奇的音乐神话，瞭望文明始端那一瞥绚烂的火光，仿若聆听回荡在历史时空中的一声声远古的回响。目前贾湖遗址揭露发掘面积仅占遗址总面积的二十分之一，贾湖骨笛所蕴藏的音乐之谜，还有待进一步的发现和更深入的研究。

图二四　华夏古乐团复原贾湖骨笛演奏（演奏者：贺小帅）

四、贾湖揭秘

舞阳贾湖新石器时代遗址位于河南舞阳城北约22千米的贾湖村东，遗址东北约3千米处是淮河支流沙河和灰河的交汇处。地理位置是在北亚热带向暖温带的过渡地带，是淮河上游支流冲积–湖积和淤积平原，属于淮北平原的温暖易涝区，地势相对低洼。河流有10条之多，如沙河、灰河、泥河、澧河、三里河等。由此可见，当时的贾湖一带呈现出低缓的、扇形的和坡岗形态的地貌特点，是具有丰富的野生动植物资源的低湿洼地。根据这里出土的上万件动物骨骼分析，动物类别多达61种，其中脊椎动物58种，无脊椎动物仅3种。

通过对这里发现的大量动植物遗骸、石制品原料和废料及地貌、土壤的研究，我们了解了当时人类的生存环境。当时气候温暖，雨量充沛，湖沼发育，动植物资源丰富，人与自然关系和谐，为人类的生存提供了充足的食物来源和理想的生活环境。通过对贾湖遗址多座墓葬中人骨标本的研究，可知生活在这里的贾湖人属于华北体征类型，东亚蒙古人种特征占主导地位，与大汶口和仰韶文化系统的人种系统相同或相似。

河南舞阳贾湖新石器时代遗址，面积达5万多平方米，最初发现于20世纪60年代初，是由在贾湖村下放劳动的当时县文化馆文物专干朱帜先生（后任舞阳县博物馆首任馆长）确认为一处新石器时代遗址。从1983年至2013年，考古工作者对该遗址先后进行了8次发掘，共揭露面积达3000多平方米，清理出房址61座，墓葬542座，以及陶窑、灰坑、兽坑多座。出土陶、石、骨、角、牙等各种质地器物及文物标本5600余件，其中骨笛40余支，契刻符号17例，炭化稻米数千粒。考古学家从大量文化遗存的时空分布和内涵特征的比较分析中，将贾湖文化的发展序列作了科学的断代分期，分为早、中、晚三个发展阶段，时间跨度在公元前7000年—公元前5500年（距今9000—7500年），经历了1500年左右的发展历程。这是迄今在中原地区发现的最早、最丰富的氏族聚落文化遗存，其中骨笛、栽培稻、家畜、酒残留物、契刻符号、成组龟甲的发现，均具有重要的学术价值。

这里出土的大量陶器、石器、骨器等文物标本，种类繁多，按用途可分为农业生产、渔猎、纺织、缝纫等类生产工具，制作精致规整，其磨锯、钻孔等技能证明贾湖人已经掌握新石器时代的主要工艺。

贾湖出土的陶器，制作方法是以手制泥片筑成或泥条筑成为主。因陶质、陶色的不同，可以分为泥质、夹砂、夹炭、夹云母片或滑石粉、夹蚌片或碎骨片等不同陶系。因其火候和受热的原因，质地松软易碎。器表多素面磨光，流行红色陶衣。器形以平底为主，也有圜底、三足、圈足的器物。其中罐形鼎、盆形鼎、侈口罐（**图二五**）、筒形角把罐、卷沿罐、折沿罐、双耳罐、罐形壶（**图二六**）、折肩壶（**图二七**）、圆腹壶、扁腹壶、方口盆、深腹盆、划纹盆、三足钵、深腹钵、浅腹钵、圈足碗为典型器物，并有彩陶的萌芽出现，这对后世制陶技术的发展具有重要意义。

图二五　M22 出土陶盆形鼎、侈口罐

图二六　H112、M411、M487 出土罐形壶

图二七　M385、M335、M344 出土折肩壶

遗址内出土石器种类众多，功能齐全。有较规范的加工程序，不少石器雕琢精细。大多经过了选材、制坯、琢磨的过程，钻孔、开齿的特殊工艺，手法娴熟。石质生产工具有石镰（**图二八**）、石铲（**图二九**）、石刀、石斧、石锛、石凿、石磨盘、石磨棒（**图三〇**）、研磨器、石球、石弹丸、石纺轮、刮削器、砍砸器、磨刃石片等。加工工具有石锤、石砧、钻和钻帽、砺石等。

遗址内出土有大量石制饰品和骨制饰品，反映了早期先民的审美意识。我国绿松石矿产蕴藏丰富，分布广泛，贾湖人是最早佩戴绿松石饰品的先民，但目前对贾湖出土绿松石饰物的矿料来源尚未能确定。遗址中出土的圆形、三角形、长方形绿松石坠饰（**图三一**）和萤石串饰（**图三二**），以及石柄形器（**图三三**）、石环（**图三四**）、骨环、牙饰（**图三五**）等，多放置在墓主的颈部、胸部、腹部、腕部、耳部等处。2001年发掘的M477，墓主是一位25岁的女性，其颈下至胸部、双臂、双手至胯下、两小腿、两足均佩有骨环串饰，两肱骨下段各置牙饰1件，在眼眶内还置入数枚绿松石装饰品。2013年发掘的M55，墓主是一个6岁儿童，其颈部至膝盖散布大量绿松石串饰，年代属于贾湖遗址的二期。同样出土有大量绿松石串饰的墓葬还有M56、M62、M65、M73、M75、M81等，属于贾湖一期的M59墓主颈侧随葬有绿松石串饰，最大一个呈弧边三角形，长8厘米，宽4厘米，另有13粒圆柱形串饰。此类绿松石串饰随葬数量如此多并分布集中，显示出当时在墓葬等级和分区上已有一定程度的分化[28]。

贾湖人的生活依赖于自然资源的采集、狩猎和捕捞，因此骨料来源丰富，随葬品中的骨器种类、数量最多，多数骨料为鹿骨和牛骨，形态上有尖类、刃类及乐器、叉形器、骨板、骨柄等杂器类和骨环、牙饰等装饰类。当时人们根据自然骨料的形态来决定其用途，通过破料、成型、磨光、穿孔、装饰刻纹而成器。骨耜（**图三六**）、两侧带倒刺的鱼镖、镞、矛、针（**图三七**）、锥、匕、刀、削、叉形骨器、多孔骨笛等，均制作精美，在品类、工艺上处

图二八　T11 出土石镰

图二九　T31 出土石铲

图三〇　M371 出土石磨盘、石磨棒

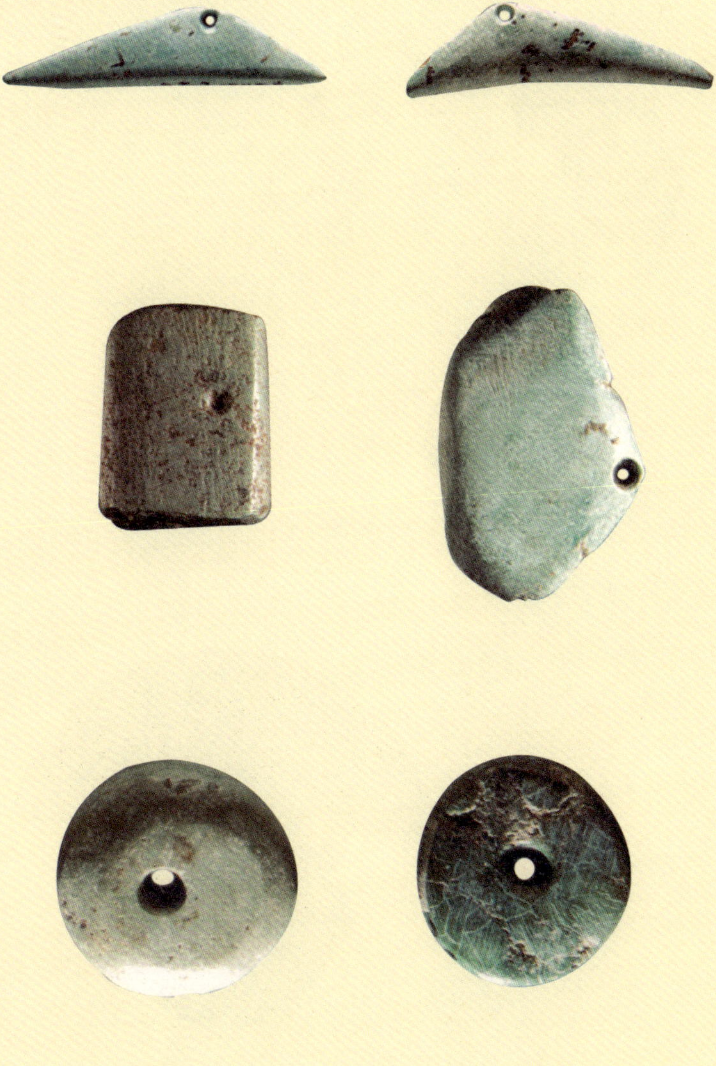

图三一　M249、T22、M58、H163、M396 出土
三角形、长方形、圆形绿松石坠饰

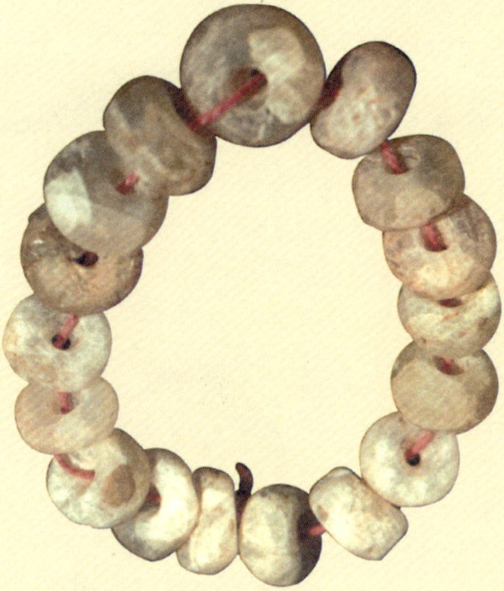

图三二　M318 出土萤石串饰

图三三　M330 出土石柄形器

图三四　M411 出土石环

图三五　M58、H323 、M376、M323、M32 出土牙饰

图三六　H69 出土骨耜

图三七　H70、H112、M126、H309、M91 出土骨针

于当时领先水平。

贾湖遗址出土的石器和骨器，在制作工艺上有着鲜明特征，尤其是骨器穿孔技术，最细的孔直径仅有0.7毫米[29]。

关于农业起源中主要栽培作物的起源，一直是国际学术界关心的话题。对于稻米的起源问题，迄今未取得一致意见。以往学者的目光一直关注着长江流域的相关考古发现，对淮河流域却不够重视。而近年来在这一流域发现了丰富的稻作文化遗存。特别是贾湖遗址，发现了世界上最早的栽培粳稻种子和整地、收割、脱粒等系列农具，把淮河流域的水稻栽培史一下子提前到距今约9000年前。对“淮河流域稻作农业自长江流域传来”的传统认识，我们需要重新审视。贾湖主要粮食作物是栽培稻，通过对早、中、晚三期文化遗存中发现的大量稻壳、炭化稻粒及水稻硅酸体的研究（**图三八**），结合此地出土的石铲、石镰、石磨盘、石磨棒等从耕作、收割到加工整套的稻作农业工具，从而可以确认贾湖稻作农业在贾湖人的生活中占有重要地位，表明淮河上游作为稻作农业起源中心的重要组成部分，是粳稻的初始起源地之一。

遗址中出土了大量的动物骨骼，其中哺乳动物有家猪、狗、羊、黄牛、水牛、梅花鹿、獐、麋、麅、貉、獾、紫貂、野兔、豹猫等；水生、沼生动物有闭壳龟、中华鳖、扬子鳄、鲤鱼、青鱼、丽蚌、蛛蚌、矛蚌、楔蚌、蚬、螺类等；不少炭化果核表明，采集对象还有栎果和水生的菱角等。这些说明当时的经济结构以稻作农业为主，采集、狩猎、捕捞和家畜饲养等生产形式也占有重

图三八　H187 出土炭化粳稻稻粒

要地位。

陶器上的附着物经分析，可知贾湖人在9000年前已经掌握了酒的酿造方法，所用原料包括大米、蜂蜜、葡萄和山楂等。

贾湖聚落布局中，早期居住区与墓葬区混杂，中晚期居住区、墓葬区、作坊区均相对集中，周围有围濠的迹象，是中国古代向心式环濠聚落的滥觞。

刻在龟甲、骨器、石器、陶器上的契刻符号表明，距今八九千年的贾湖文化已出现了原始文字性质的符号，作为所知最早的文字雏形，为文字起源增加了更为重要的新证（**图三九**）。“从考古地理区域上看，中原地区的豫中、晋西地区一向被认为是中国古代文明的主要发源地之一，在我国上古率先进入有文字的历史时期的区域；从文

图三九　贾湖遗址契刻符号

字发展的阶段看，殷墟甲骨卜辞已是相当成熟的文字，在它之前，我国文字起源必然还有一个相当长的发展过程，所以贾湖遗址甲骨契刻符号的发现为探索我国文字起源的绝对年代问题提供了极为重要的线索。由于贾湖遗址甲骨契刻符号的绝对年代大大早于南美索不达米亚复杂刻划的绝对年代，这为汉字起源于中国提供了重要的考古根据。”[30]

从陶器和龟甲刻符上，可见贾湖人对鸟与太阳的崇拜，这与东夷部落中的太昊氏族先民更为相近。

墓葬中随葬成组内装石子的龟甲、共存的骨笛、柄形器（权力地位的象征）、叉形骨器、太阳纹陶器等，证明人们在变幻莫测的未知自然中，一种敬畏、探求、崇拜等原始宗教思维的萌生。在贾湖遗址中可见，男性在社会生产中特别是渔猎中的作用，决定了男性在与原始宗教相关的巫乐活动中占有主导地位。特别是在贾湖遗址的中期，男性墓的平均体积和葬品数量均明显大或多于女性墓。显然，由男性来充当巫师的贾湖遗址中期应是贾湖文化的繁荣期。

从骨笛制作和龟腹石子可以看出，贾湖人已有百以上的整数概念，掌握了整数的运算法。这对研究我国度量衡的起源及其与音乐之关系十分重要。

贾湖遗址发掘出土的40余支骨笛，是迄今为止发现最早、保存最完整的管乐器。早、中、晚三期的二孔、五孔、六孔、七孔和八孔骨笛，制作规范，形制固定，其中的七孔骨笛已具七声音阶，并能完整吹奏乐曲。它把中国音乐史起源向前推进了5000多年。

贾湖遗址数十年考古发掘所揭示的丰富文化内涵，为中国乃至世界音乐起源、稻作起源、酿酒起源、家畜起源、甲骨契刻及原始崇拜等领域的研究，提供了不可多得的珍贵资料。

著名考古学家严文明先生认为，贾湖遗址本身的学术内涵非常丰富。贾湖遗址起到了沟通南北东西文化的作用，比如其既有北方的裴李岗文化的石磨盘、石磨棒，又有南方的稻种。贾湖位于淮河上游，在长江、黄河流域之间的淮河流域，不仅起到沟通南北的作用，而且具有自身的文化特色[31]。

张居中先生认为，贾湖遗址的发掘，对中原地区新石器时代文化的研究具有很高的学术价值。贾湖一期的发现，使中原地区新石器时代文化的研究又向前推进到了公元前7000年。贾湖遗址丰富的文化内涵和复杂的地层关系，给中原地区前仰韶时代文化的深入研究提供了重要依据，进而认为贾湖文化是并列于裴李岗文化的亲缘文化，其后代向淮河中下游和汉水流域作同纬度迁徙，成为大汶口文化和下王岗早期文化的主要来源，代表了淮汉文化带的早期阶段[32]。

已故著名考古学家俞伟超先生认为，贾湖的稻作农业同江淮流域及其以南地区的新石器文化特征一致，贾湖的陶器（圆腹壶、罐形鼎、三足钵）却和黄河中游的裴李岗文化属于一个系统。而其占卜用龟和獐牙随葬的原始宗教习俗，又和时代稍晚的东部大汶口乃至安徽薛家岗文化的风俗接近。它既包含着黄河中下游至淮河流域的东、西两片，又联结着黄河到江淮南北两端，是黄河与长江的一个重要的联结点。其多重丰富的文化特征，为史前文化区系类型研究带来了新的启示。贾湖发掘对于我国新石器早期遗存来说，得到了一处迄今为止最丰富的材料。就其内涵而言，刻符甲骨、五至七声音阶的骨笛、占卜用的龟甲、陶窑的出现，居住区从早期的与墓区混杂到中晚期的居住区、墓葬区、作坊区的相对集中，农业同狩猎、捕捞、畜养并存的经济形态等，表明其文化所达到的总体高度，远远超出了过去的想象[33]。

这是怎样的一群人，创造出黄河、长江交汇区域怎样的早期文明？

贾湖遗址由朱帜先生于20世纪60年代初发现，但直到70年代末裴李岗文化被发现之后，人们才逐步认识其文化性质。1983年以来，以贾湖遗址发掘主持人张居中先生为首的考古工作者，在田野和案头辛勤工作三十年，使舞阳贾湖新石器时代遗址的神秘面纱逐步揭开（**图四〇、图四一**）。

曾几何时，这里四季分明，温湿多雨，疏林湖沼，原草茂盛，水族鸟兽，多易繁殖。向心式聚落里，半地穴式建筑、地面建筑和干栏式建筑参差错落，沟濠环绕，人们在这里渔猎、植稻、筑屋、畜养、作陶、磨石、制骨、酿酒，骨笛明亮清远的乐音在炊烟和湖面上穿行……

舞阳贾湖骨笛的学术价值，已远远超出它的地域范围，在整个世界音乐史起源的物证中，贾湖骨笛无论在科学实证、年代的可靠性方面，还是在音乐艺术成就方面，都是无与伦比的。中华民族的音乐文化，中原民族的音乐水平，在史前时期已远远走在世界的前列。

图四〇　舞阳贾湖遗址考古发掘现场

图四一　1987 年 5 月张居中在贾湖考古工地观察 F23 和 H351 叠压关系

大自然的生命本旨，是在成长和消亡中发出自己的声音，这些声音关乎着对大自然的爱与敬畏，对已逝去的美好事物的追忆，对神灵的崇尚，对生与死、爱与恨的感悟——这一切，在人类心灵中，是用最本真的和所能创造出来最美好的声音来述说的，这种美好的声音就是音乐。音乐贯穿人类文明进化的始终，而音乐的起源之谜必将随着人类文明起源的破解而水落石出。贾湖骨笛的发现给了我们重要的启示！

注释：

[1][31] 张居中：《不懈耕耘三十载，解读中原九千年》，《中国文物报》2014 年 2 月 14 日第六版。

[2][3][6][9] 河南省文物考古研究所：《舞阳贾湖》上卷第 192、447、455—459、174 页，科学出版社，1999 年。

[4] 中国科学技术大学科技史与科技考古系、河南省文物考古研究所、舞阳县博物馆：《河南舞阳贾湖遗址 2001 年春发掘简报》，《华夏考古》2002 年第 2 期。

[5][28] 方燕明：《2013 年度河南省五大考古新发现》，《华夏考古》2014 年第 2 期。

[7] 范方芳、张居中：《中国史前龟文化研究综论》，《华夏考古》2008 年第 2 期。

[8] 陈星灿、李润权：《申论中国史前的龟甲响器》，见邓聪、陈星灿主编：《桃李成蹊集——庆祝安志敏先生八十寿辰》，香港中文大学考古艺术研究中心，2004 年。

[10] 在 1999 年 2 月出版的贾湖遗址发掘报告《舞阳贾湖》一书中，发掘者将贾湖遗址的年代跨度定为距今 9000—8800 年，但在 2015 年 3 月出版的《舞阳贾湖（二）》中，发掘者对贾湖遗址的年代数据作了调整，放宽了下限年代。参见河南省文物考古研究所：《舞阳贾湖》上卷第 552 页、下卷第 992—998 页，科学出版社，1999 年；河南省文物考古研究院、中国科学技术大学科技史与科技考古系：《舞阳贾湖（二）》，第 558 页，科学出版社，2015 年。

[11] 王子初：《说有容易说无难——对舞阳出土骨笛的再认识》，《音乐研究》2014 年第 2 期。

[12] 方晓阳等：《贾湖骨笛的精确复原研究》，《中国音乐学》2012 年第 2 期。

[13] 宋爽：《探析贾湖骨笛承载的社会信息》，《东南文化》2006 年第 4 期。

[14] 席永杰等：《内蒙古敖汉旗兴隆洼文化八千前年骨笛研究》，《北方文物》2011 年第 1 期。

[15] 李永加：《河姆渡遗址出土“骨哨”研究》，《东南文化》

2012 年第 8 期。

[16] 萧兴华、张居中、王昌燧：《七千年前的骨管定音器——河南省汝州市中山寨十孔骨笛测音研究》，《音乐研究》2001 年第 2 期。

[17] 郭天锁等：《长葛石固遗址发掘报告》，《华夏考古》1987 年第 1 期。

[18] 黄翔鹏：《舞阳贾湖骨笛的测音研究》，《文物》1989 年第 1 期。

[19] 吴钊：《贾湖龟铃骨笛与中国音乐文明之源》，《文物》1991 年第 3 期。

[20] 童忠良：《舞阳贾湖骨笛的音孔设计与宫调特点》，《中国音乐学》1992 年第 3 期。

[21][27] 徐飞、夏季、王昌燧：《贾湖骨笛音乐声学特性的新探索——最新出土的贾湖骨笛测音研究》，《音乐研究》2004 年第 1 期。

[22] 张居中、萧兴华：《中国音乐文明的肇始：贾湖骨笛》，见河南博物院、［韩］国立国乐院编：《东亚音乐考古研究——东亚音乐文化交流研讨暨第 11 届音乐学国际学术会议论文集》，中州古籍出版社，2014 年。

[23] 萧兴华：《中国音乐文化文明九千年——试论河南舞阳贾湖骨笛的发掘及其意义》，《音乐研究》2000 年第 1 期；萧兴华、张居中、王昌燧：《七千年前的骨管定音器——河南省汝州市中山寨十孔骨笛测音研究》，《音乐研究》2001 年第 2 期。

[24] 郑祖襄：《关于贾湖骨笛测音数据及相关论证问题的讨论》，《中国音乐学》2003 年第 3 期。

[25] 陈其射：《河南舞阳贾湖骨笛音律分析》，《天津音乐学院学报》2005 年第 2 期。

[26] 刘正国：《笛乎筹乎龠乎——为贾湖遗址出土的骨质斜吹乐管考名》，《音乐研究》1996 年第 3 期。

[29][32] 张居中：《淮河上游新石器时代的绚丽画卷——舞阳贾湖遗址发掘的主要收获》，《东南文化》1999 年第 2 期。

[30] 唐建：《贾湖遗址新石器时代甲骨契刻符号的重大考古理论意义》，《复旦学报》（社会科学版）1992 年第 3 期。

[33] 俞伟超：《淮河的光芒：黄河与长江的联结——〈舞阳贾湖·序〉》，《东南文化》1999 年第 1 期。